Impressum
Verlag: BABADADA GmbH, Nedderfeld 112 , 22529 Hamburg
Geschäftsführer / Verlagsleitung: Harald Hof
Druck: Books on Demand GmbH, In de Tarpen 42, 22848 Norderstedt

Imprint
Publisher: BABADADA GmbH, Nedderfeld 112 , 22529 Hamburg, Germany
Managing Director / Publishing direction: Harald Hof
Print: Books on Demand GmbH, In de Tarpen 42, 22848 Norderstedt

mokykla
el colegio

klasė
el aula

dalinti
dividir

186/2

mokyklos kiemas
el patio de la escuela

lenta
el pizarrón

mokytojas
el maestro

popierius
el papel

rašyti
escribir

rašiklis
la birome

rašomasis stalas
el escritorio

liniuoté
la regla

knyga
el libro

mokinys
el alumno

kuprinė
la mochila

penalas
la caja de lápices

pieštukas
el lápiz

drožtukas
el sacapuntas

trintukas
la goma (de borrar)

piešimo bloknotas
el bloc de dibujo

piešinys

el dibujo

teptukas

el pincel

dažų dėžutė

la caja de pinturas

žirklės

la tijera

klijai

el pegamento

vadovėlis

el cuaderno de ejercicios

namų darbai

la tarea

numeris

el número

pridėti

sumar

atimti

restar

dauginti

multiplicar

skaičiuoti

calcular

raidė

la letra

abėcėlė

el abecedario

žodis

la palabra

tekstas
el texto

skaityti
leer

kreida
la tiza

pamoka
la lección

dienynas
el cuaderno de clase

egzaminas
el examen

pažymėjimas
el certificado

mokyklinė uniforma
el uniforme escolar

išsilavinimas
la educación

enciklopedija
la enciclopedia

universitetas
la universidad

mikroskopas
el microscopio

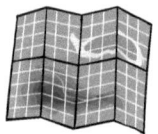

žemėlapis
el mapa

šiukšliadėžė
el tacho (de basura)

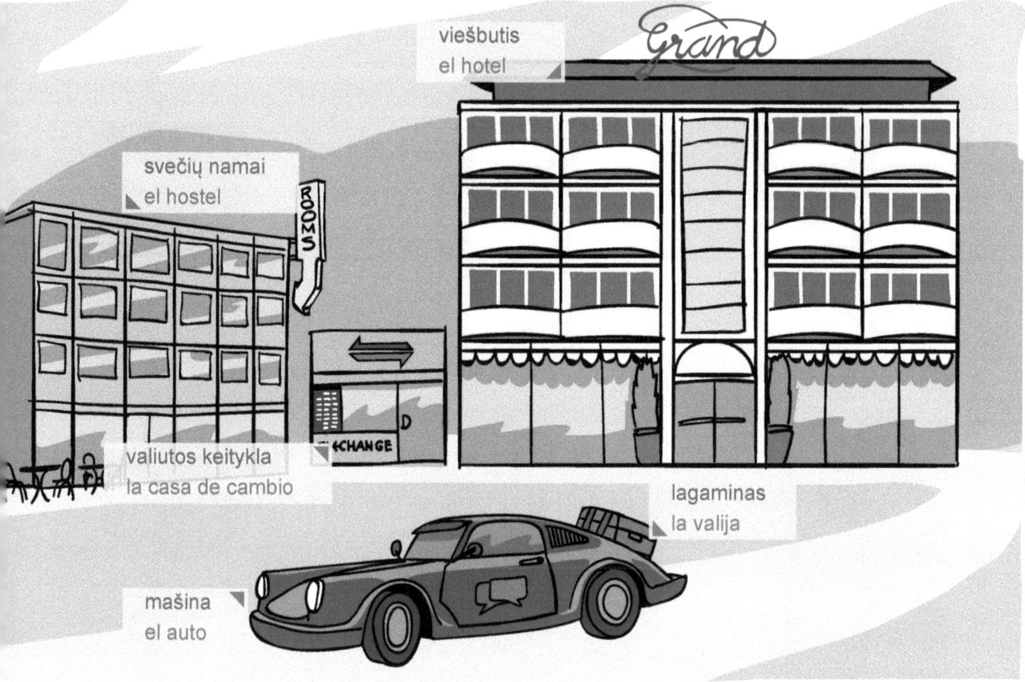

viešbutis
el hotel
Grand
svečių namai
el hostel
ROOMS
valiutos keitykla
la casa de cambio
EXCHANGE
lagaminas
la valija
mašina
el auto

kalba
el idioma

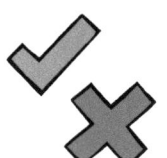

taip / ne
sí / no

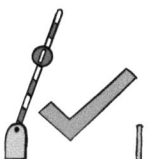

Gerai
Está bien

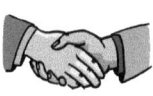

sveiki
hola

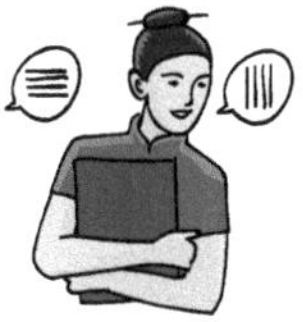

vertėjas raštu
el traductor

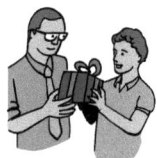

Ačiū
Gracias

kiek kainuoja...?

¿cuánto cuesta...?

aš nesuprantu

No entiendo

problema

el problema

Labas vakaras!

¡Buenas tardes!

Labas rytas!

¡Buenos días!

Labos nakties!

¡Buenas noches!

viso gero

el adiós

kryptis

la dirección

bagažas

el equipaje

krepšys

el bolso

kuprinė

la mochila

svečias

el invitado

kambarys

la habitación

miegmaišis

la bolsa de dormir

palapinė

la carpa

turizmo informacija

la información turística

paplūdimys

la playa

kreditinė kortelė

la tarjeta de crédito

pusryčiai

el desayuno

pietūs

el almuerzo

vakarienė

la cena

bilietas

el pasaje

liftas

el ascensor

pašto ženklas

el sello

siena

la frontera

muitinė

la aduana

ambasada

la embajada

viza

la visa

pasas

el pasaporte

transportas
el transporte

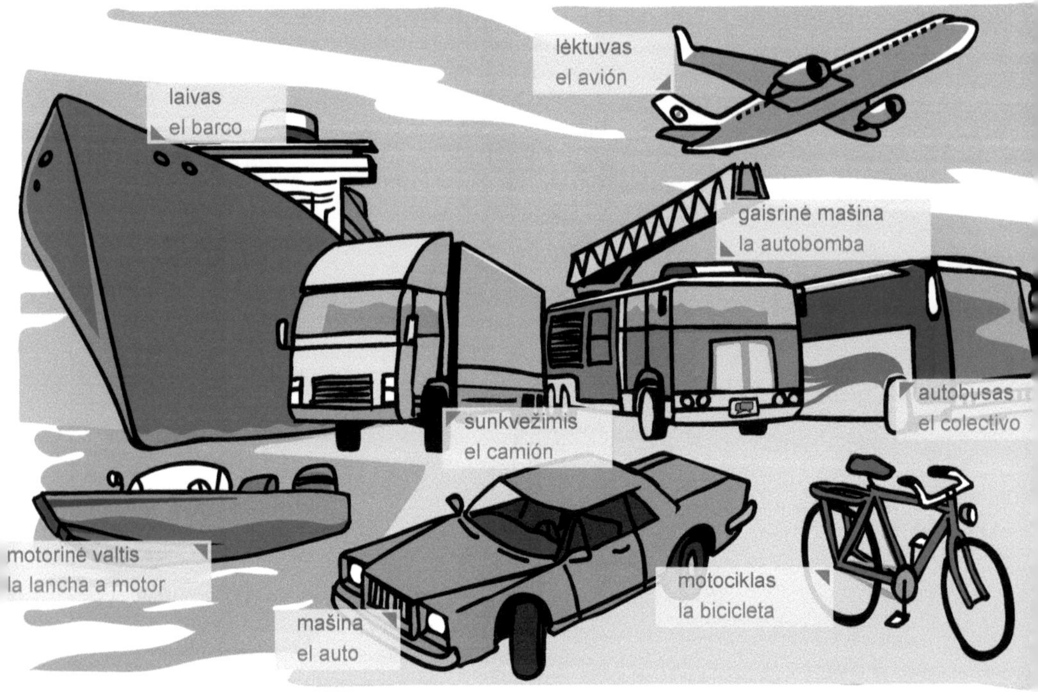

lėktuvas
el avión
laivas
el barco
gaisrinė mašina
la autobomba
autobusas
el colectivo
sunkvežimis
el camión
motorinė valtis
la lancha a motor
motociklas
la bicicleta
mašina
el auto

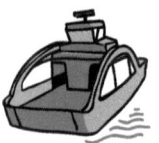

keltas

el ferry

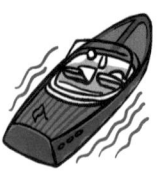

valtis

el bote

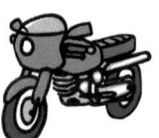

mopedas

la moto

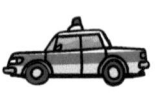

policijos automobilis

el patrullero

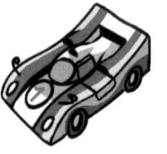

lenktyninis automobilis

el auto de carreras

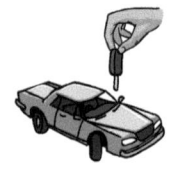

nuomojamas automobilis

el auto de alquiler

bendras automobilio
naudojimas

el alquiler de autos

techninės pagalbos
automobilis

la grúa

šiukšliavežė

el camión de la basura

variklis

el motor

degalai

la nafta

degalinė

la estación de servicio

kelio ženklas

la señal de tránsito

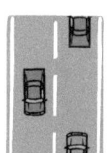

eismas

el tránsito

eismo spūstis

el embotellamiento

mašinų stovėjimo aikštelė

el estacionamiento

traukinių stotis

la estación de tren

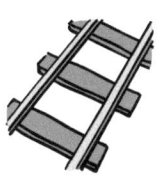

bėgiai

las vías

traukinys

el tren

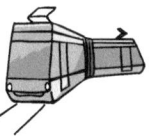

tramvajus

el tranvía

vagonas

el vagón

sraigtasparnis

el helicóptero

oro uostas

el aeropuerto

bokštas

la torre

keleivis

el pasajero

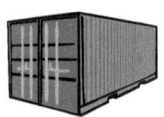

konteineris

el contenedor

dėžė

la caja de cartón

vežimėlis

la carretilla

krepšys

la canasta

pakilti / nusileisti

despegar / aterrizar

miestas

la ciudad

kaimas

el pueblo

miesto centras

el centro de la ciudad

namas

la casa

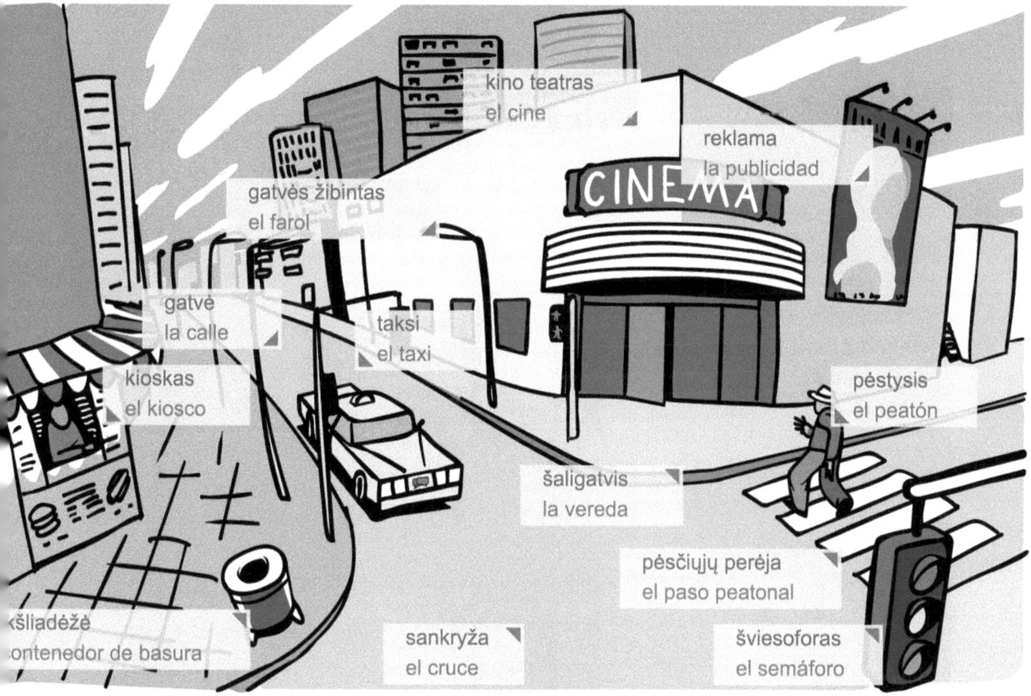

kino teatras
el cine

reklama
la publicidad

gatvės žibintas
el farol

CINEMA

gatvė
la calle

taksi
el taxi

pėstysis
el peatón

kioskas
el kiosco

šaligatvis
la vereda

pėsčiųjų perėja
el paso peatonal

<šliadėžė
ontenedor de basura

sankryža
el cruce

šviesoforas
el semáforo

trobelė
la cabaña

butas
el departamento

traukinių stotis
la estación de tren

rotušė
la municipalidad

muziejus
el museo

mokykla
el colegio

universitetas

la universidad

bankas

el banco

ligoninė

el hospital

viešbutis

el hotel

vaistinė

la farmacia

biuras

la oficina

knygynas

la librería

parduotuvė

el negocio

gėlių parduotuvė

la florería

prekybos centras

el supermercado

turgus

el mercado

universalinė parduotuvė

las grandes tiendas

žuvies parduotuvė

la pescadería

prekybos centras

el centro comercial

uostas

el puerto

parkas

el parque

suoliukas

el banco

tiltas

el puente

laiptai

las escaleras

metro

el subte

tunelis

el túnel

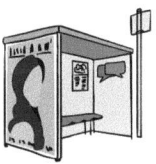

autobusų stotelė

la parada del colectivo

baras

el bar

restoranas

el restaurante

lauko pašto dėžutė

el buzón

kelio ženklas

el letrero

parkomatas

el parquímetro

zoologijos sodas

el zoológico

baseinas

la pileta

mečetė

la mezquita

ūkininko ūkis
la granja

tarša
la contaminación

kapinės
el cementerio

bažnyčia
la iglesia

žaidimų aikštelė
los juegos infantiles

šventykla
el templo

kraštovaizdis
el paisaje

lapas
la hoja

kelio rodyklė
el poste indicador

kelias
el camino

pieva
la pradera

akmuo
la piedra

medis
el árbol

ėjikas
el excursionista

upė
el río

žolė
la hierba

gėlė
la flor

slėnis

el valle

kalva

la montaña

ežeras

el lago

miškas

el bosque

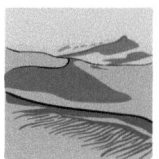

dykuma

el desierto

ugnikalnis

el volcán

pilis

el castillo

vaivorykštė

el arco iris

grybas

el champiñón

palmė

la palmera

uodas

el mosquito

musė

la mosca

skruzdėlė

la hormiga

bitė

la abeja

voras

la araña

vabalas

el escarabajo

varlė

la rana

voverė

la ardilla

ežys

el erizo

kiškis

la liebre

pelėda

la lechuza

paukštis

el pájaro

gulbė

el cisne

šernas

el jabalí

elnias

el ciervo

briedis

el alce

užtvanka

la presa

vėjo jėgainė

el aerogenerador

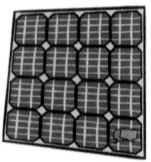

saulės baterija

el panel solar

klimatas

el clima

restoranas
el restaurante

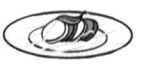

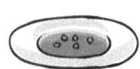

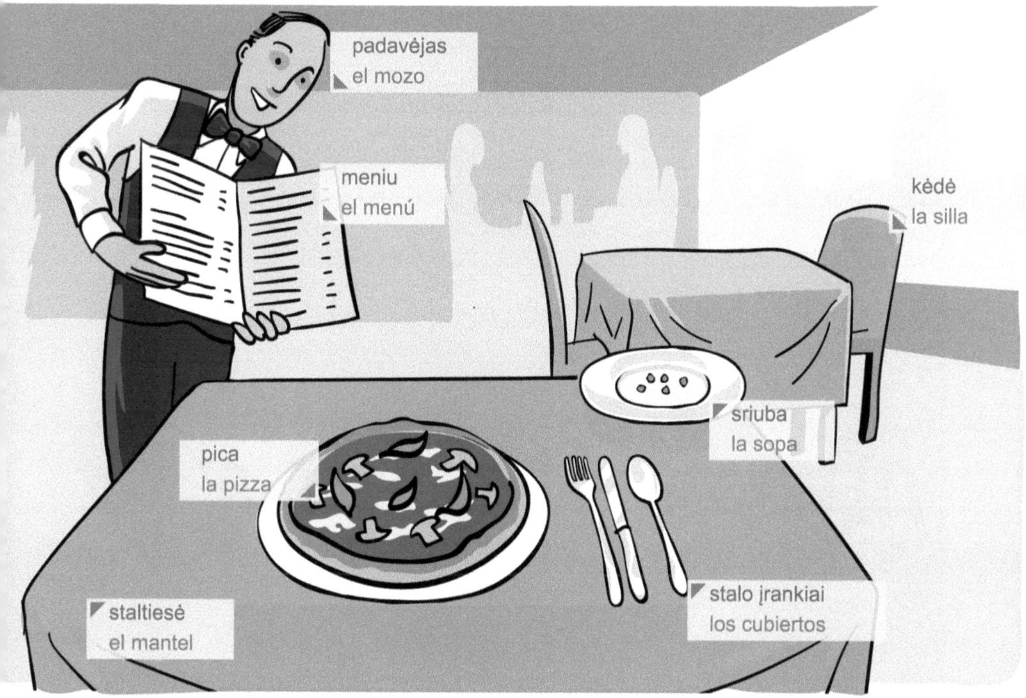
padavėjas
el mozo
meniu
el menú
kėdė
la silla
sriuba
la sopa
pica
la pizza
staltiesė
el mantel
stalo įrankiai
los cubiertos

užkandis

la entrada

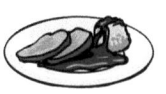

pagrindinis patiekalas

el plato principal

desertas

el postre

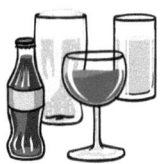

gėrimai

las bebidas

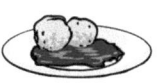

maistas

la comida

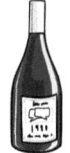

butelis

la botella

greitai pateikiamas maistas

la comida rápida

gatvės maistas

la comida callejera

arbatinukas

la tetera

cukrinė

la azucarera

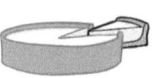

porcija

la porción

espreso aparatas

la cafetera expreso

aukšta kėdė

la sillita alta

sąskaita

la cuenta

padėklas

la bandeja

peilis

el cuchillo

šakutė

el tenedor

šaukštas

la cuchara

arbatinis šaukštelis

la cucharita

servetėlė

la servilleta

stiklinė

el vaso

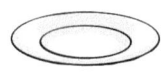

lėkštė
el plato

sriubos lėkštė
el plato hondo

padėklas
el plato

padažas
la salsa

druskinė
el salero

pipirų malūnėlis
el molinillo de pimienta

actas
el vinagre

aliejus
el aceite

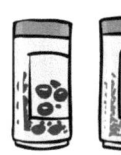

prieskoniai
las especias

kečupas
el kétchup

garstyčios
la mostaza

majonezas
la mayonesa

prekybos centras

el supermercado

specialus pasiūlymas
la oferta especial
FOR
pirkėjas
el cliente
pieno produktai
los lácteos
vaisiai
la fruta
troleibusas
el changuito

BUTCHERS

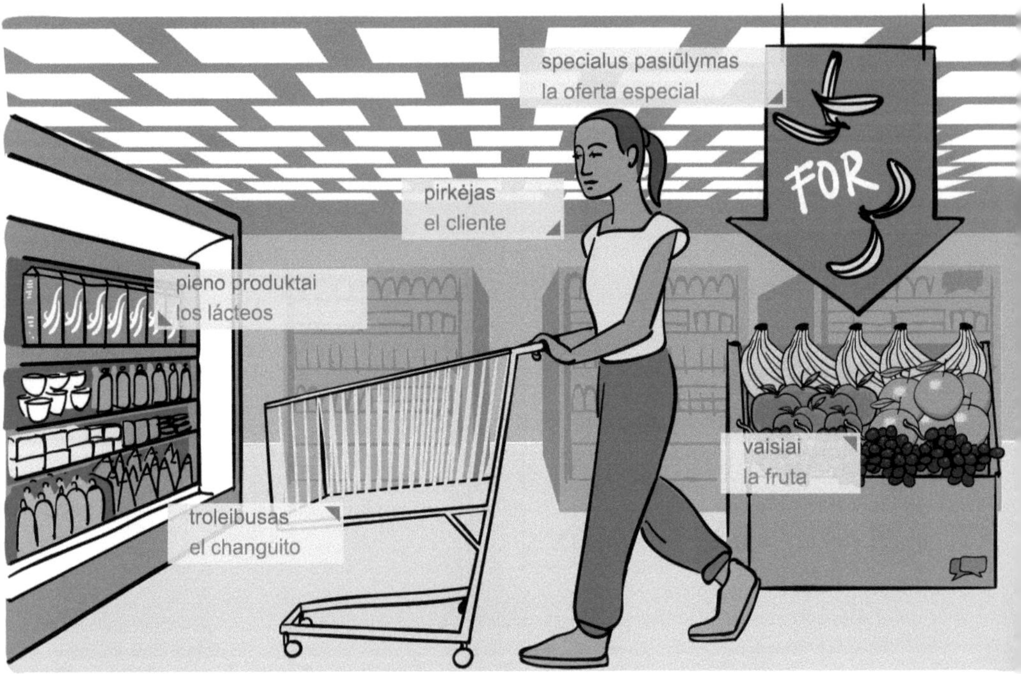

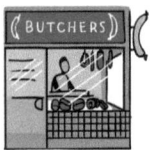

mėsos parduotuvė

la carnicería

BAKERY

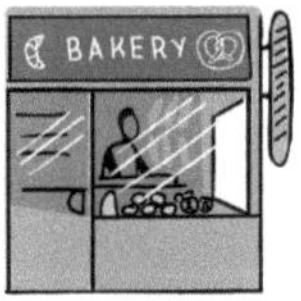

kepykla

la panadería

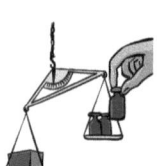

sverti

pesar

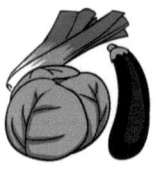

daržovės

las verduras

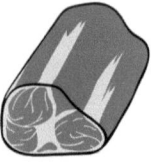

mėsa

la carne

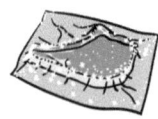

šaldytas maistas

los alimentos congelados

šalti mėsos užkandžiai

los fiambres

konservai

los alimentos enlatados

skalbimo milteliai

el detergente en polvo

saldumynai

las golosinas

ūkinės prekės

los electrodomésticos

valymo priemonės

los productos de limpieza

pardavėja

la vendedora

kasos aparatas

la caja

kasininkas

el cajero

pirkinių sąrašas

la lista de compras

darbo valandos

el horario de atención

piniginė

la billetera

kreditinė kortelė

la tarjeta de crédito

maišelis

la cartera

plastikinis maišelis

la bolsa de plástico

vanduo

el agua

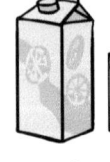

sultys

el jugo

pienas

la leche

kola

la bebida cola

vynas

el vino

alus

la cerveza

alkoholis

el alcohol

kakava

el cacao

arbata

el té

kava

el café

espresas

el café expreso

kapučinas

el cappuccino

bananas

la banana

obuolys

la manzana

apelsinas

la naranja

arbūzas

el melón

citrina

el limón

morka

la zanahoria

česnakas

el ajo

bambukas

el bambú

svogūnas

la cebolla

grybas

el champiñón

riešutai

las nueces

makaronai

los fideos

spagečiai

los tallarines

ryžiai

el arroz

salotos

la ensalada

traškučiai

las papas fritas

keptos bulvės

las papas fritas

pica

la pizza

mėsainis

la hamburguesa

sumuštinis

el sándwich

pjausnys

el churrasco

kumpis

el jamón

saliamis

el salame

dešrelė

la salchicha

vištiena

el pollo

kepsnys

el asado

žuvis

el pescado

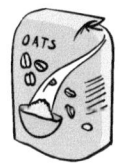

avižų dribsniai

los copos de avena

dribsniai su priedais

el muesli

kukurūzų dribsniai

los copos de maíz

miltai

la harina

prancūziškasis ragelis

la medialuna

bandelė

el pancito

duona

el pan

skrebutis

la tostada

sausainiai

las galletitas

sviestas

la manteca

varškė

la cuajada

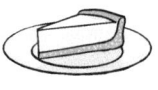

tortas

la torta

kiaušinis

el huevo

kiaušinienė

el huevo frito

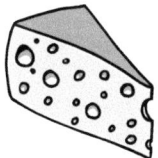

sūris

el queso

ledai

el helado

cukrus

el azúcar

medus

la miel

uogienė

la mermelada

tepamas šokoladas

la pasta de chocolate

karis

el curry

ūkininko ūkis
la granja

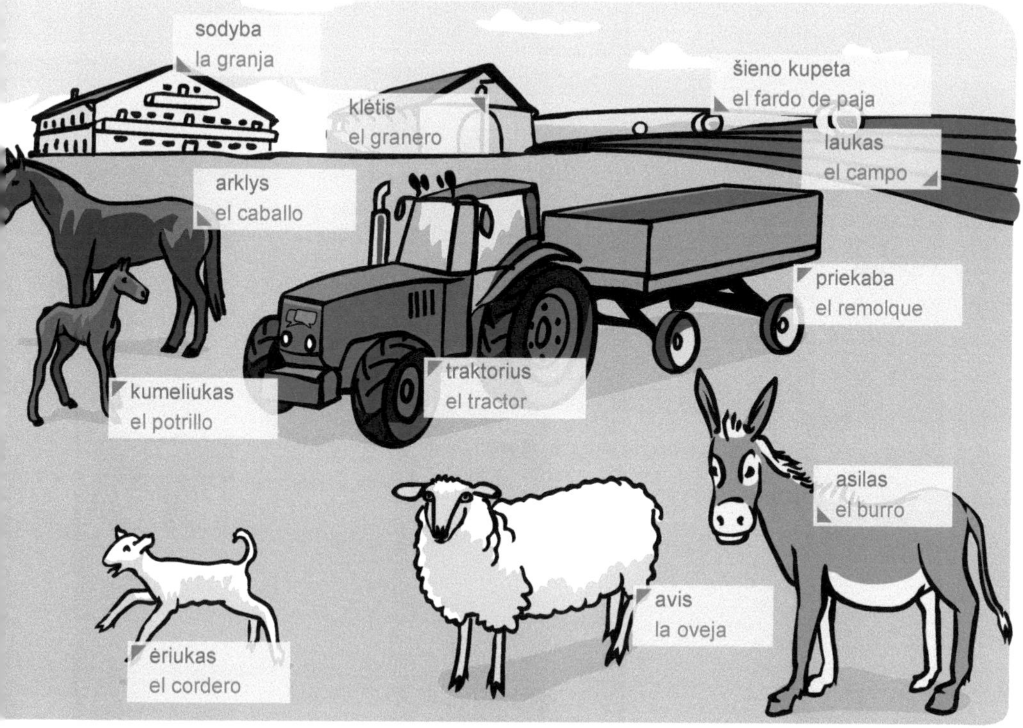
sodyba
la granja
klėtis
el granero
šieno kupeta
el fardo de paja
laukas
el campo
arklys
el caballo
priekaba
el remolque
traktorius
el tractor
kumeliukas
el potrillo
asilas
el burro
avis
la oveja
ėriukas
el cordero

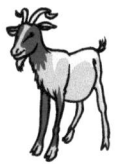

ožys

la cabra

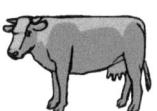

karvė

la vaca

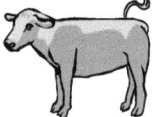

veršis

el ternero

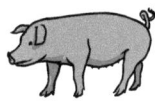

kiaulė

el cerdo

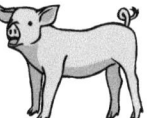

paršelis

el lechón

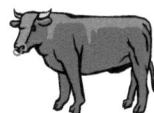

bulius

el toro

žąsis

el ganso

antis

el pato

viščiukas

el pollo

višta

la gallina

gaidys

el gallo

žiurkė

la rata

katė

el gato

pelė

el ratón

jautis

el buey

šuo

el perro

šuns būda

la cucha

sodo namas

la manguera

laistytuvas

la regadera

dalgis

la guadaña

plūgas

el arado

pjautuvas

la hoz

kauptukas

la azada

šakės

la horquilla

kirvis

el hacha

statinė

la carretilla

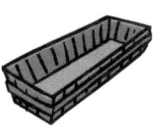

lovys

el abrevadero

bidonas

la lechera

maišas

la bolsa

tvora

la reja

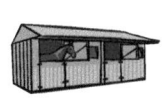

arklidė

el establo

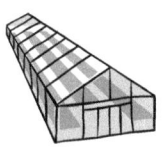

šiltnamis

el invernadero

dirva

el suelo

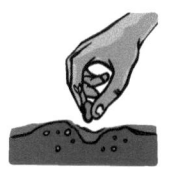

sėkla

la semilla

trąšos

el fertilizador

kombainas

la cosechadora

rinkti

cosechar

derlius

la cosecha

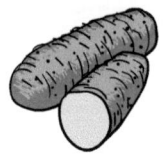

saldžiosios bulvės

las batatas

kviečiai

el trigo

soja

la soja

bulvė

la papa

kukurūzai

el maíz

rapsai

la semilla de colza

vaismedis

el árbol frutal

manijokas

la mandioca

grūdai

los cereales

namas
la casa

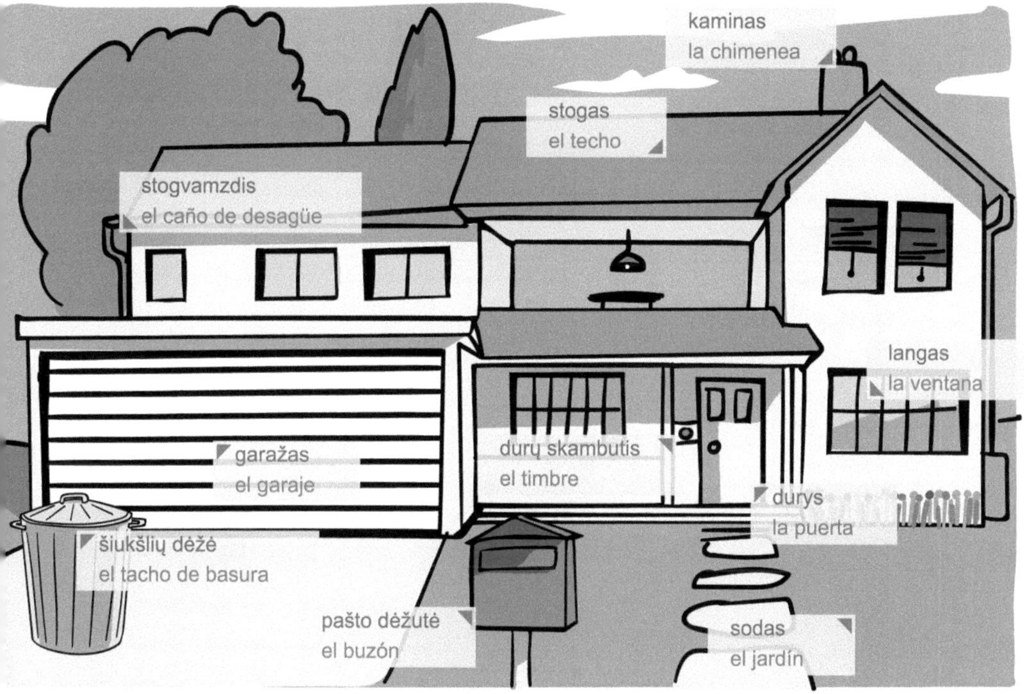
kaminas
la chimenea
stogas
el techo
stogvamzdis
el caño de desagüe
langas
la ventana
garažas
el garaje
durų skambutis
el timbre
durys
la puerta
šiukšlių dėžė
el tacho de basura
pašto dėžutė
el buzón
sodas
el jardín

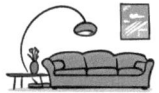

svetainė
el living

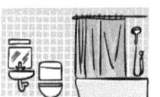

vonios kambarys
el baño

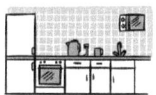

virtuvė
la cocina

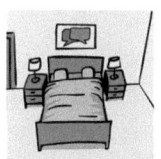

miegamasis
el dormitorio

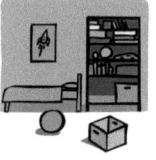

vaiko kambarys
el cuarto de los chicos

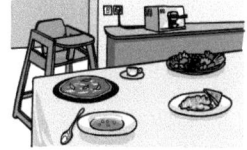

valgomasis
el comedor

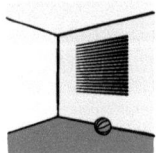

grindys

el piso

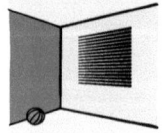

siena

la pared

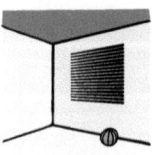

lubos

el cielorraso

rūsys

el sótano

sauna

el sauna

balkonas

el balcón

terasa

la terraza

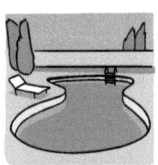

baseinas

la pileta

žoliapjovė

la cortadora de pasto

paklodė

la sábana

lovatiesė

el acolchado

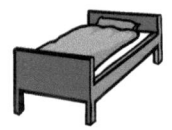

lova

la cama

šluota

la escoba

kibiras

el balde

jungiklis

el interruptor

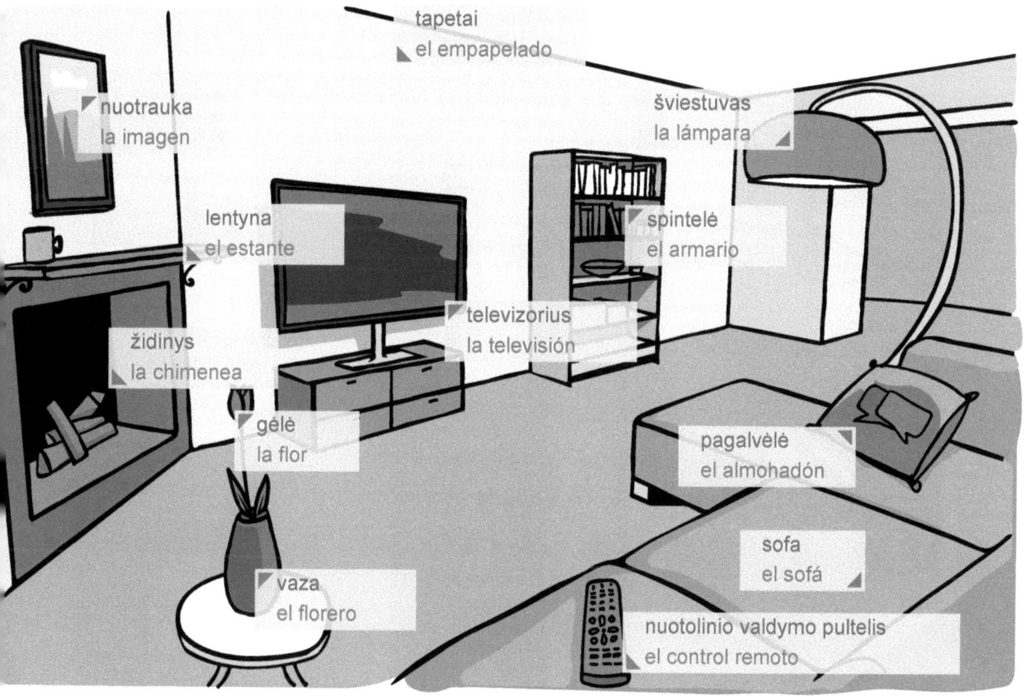

tapetai
el empapelado

nuotrauka
la imagen

šviestuvas
la lámpara

lentyna
el estante

spintelė
el armario

televizorius
la televisión

židinys
la chimenea

gėlė
la flor

pagalvėlė
el almohadón

sofa
el sofá

vaza
el florero

nuotolinio valdymo pultelis
el control remoto

kilimas
la alfombra

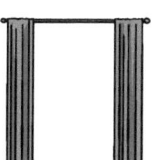

užuolaida
la cortina

stalas
la mesa

kėdė
la silla

supamasis krėslas
la mecedora

fotelis
el sillón

knyga
el libro

antklodė
la frazada

papuošimai
la decoración

malkos
la leña

filmas
la película

stereo aparatūra
el equipo de música

raktas
la llave

laikraštis
el diario

paveikslas
la pintura

plakatas
el póster

radijas
la radio

užrašų knygelė
el cuaderno

dulkių siurblys
la aspiradora

kaktusas
el cactus

žvakė
la vela

virtuvė
la cocina

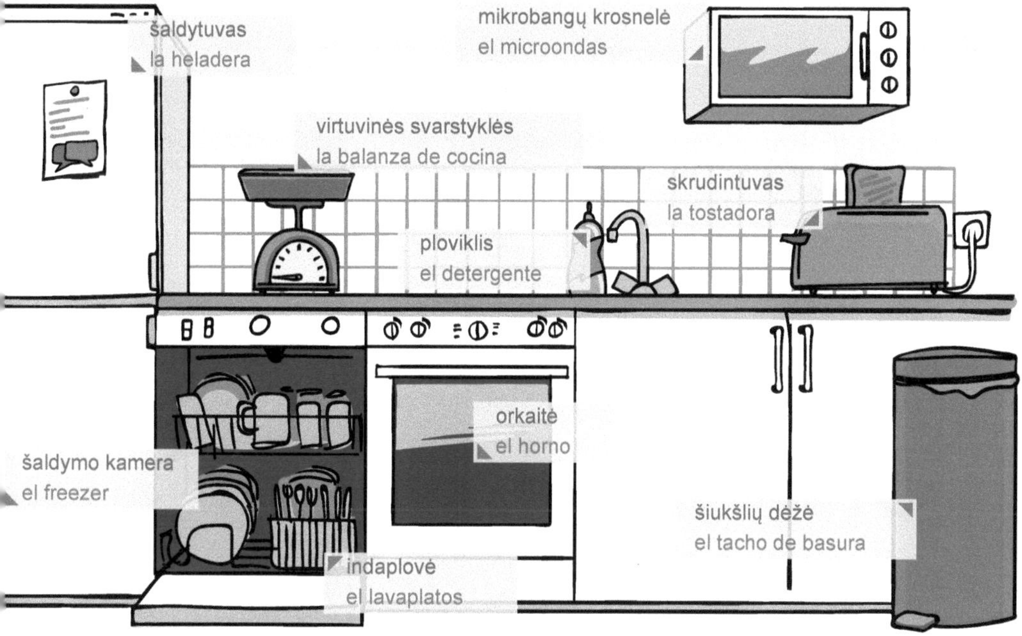

šaldytuvas
la heladera
mikrobangų krosnelė
el microondas
virtuvinės svarstyklės
la balanza de cocina
skrudintuvas
la tostadora
ploviklis
el detergente
orkaitė
el horno
šaldymo kamera
el freezer
šiukšlių dėžė
el tacho de basura
indaplovė
el lavaplatos

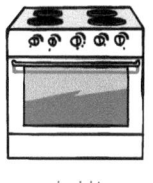

viryklė

la cocina

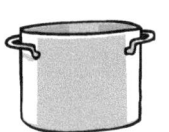

puodas

la olla

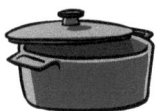

ketaus puodas

la olla de hierro fundido

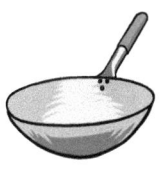

„wok“ keptuvė

el wok

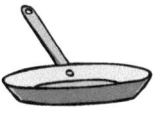

keptuvė

la sartén

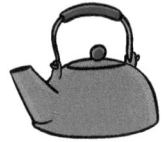

virdulys

la pava

garų puodas

la vaporera

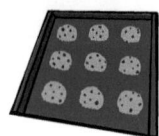

kepimo skarda

la bandeja de horno

porceliano indai

la vajilla

puodelis

la taza

dubuo

el bol

valgomosios lazdelės

los palitos

samtis

el cucharón

mentelė

la espátula

plaktuvas

la batidora

koštuvas

el colador

sietas

el colador

trintuvė

el rallador

grūstuvė

el mortero

kepsninė

la parrilla

atvira liepsna

la fogata

virtuvė - la cocina

pjaustymo lentelė

la tabla de picar

kočėlas

el palo de amasar

kamščiatraukis

el sacacorchos

skardinė

la lata

skardinių atidarytuvas

el abrelatas

puodkėlė

la manopla

kriauklė

la pileta

šepetys

el cepillo

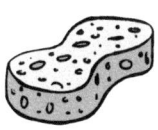

kempinė

la esponja

trintuvas

la batidora

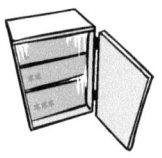

šaldiklis

el congelador

kūdikių buteliukas

la mamadera

čiaupas

la canilla

vonios kambarys
el baño

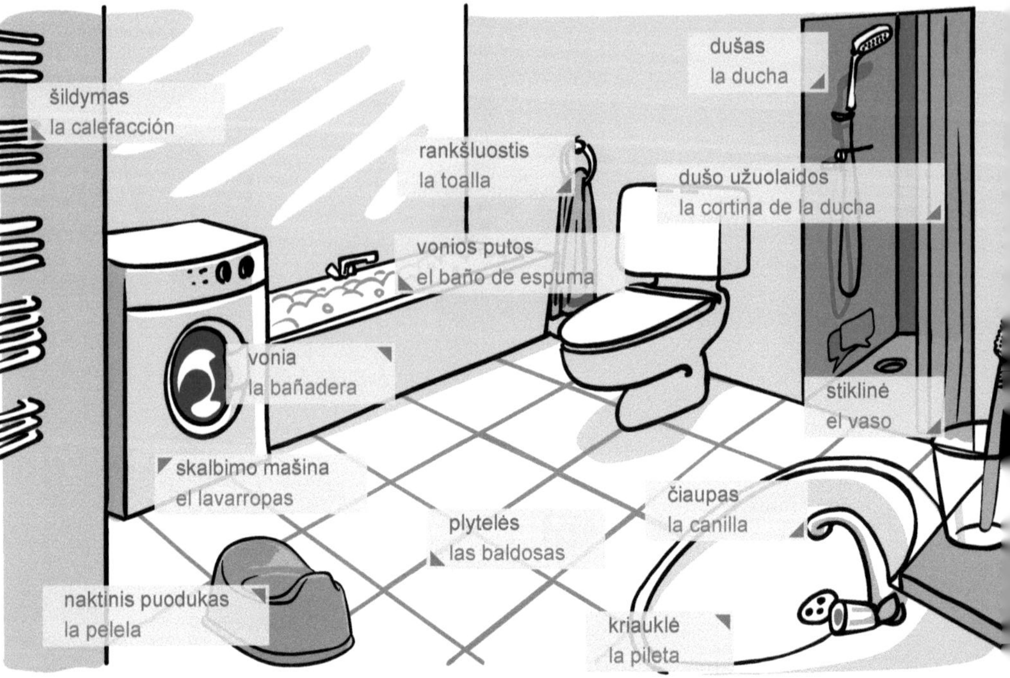
šildymas
la calefacción
rankšluostis
la toalla
dušas
la ducha
dušo užuolaidos
la cortina de la ducha
vonios putos
el baño de espuma
vonia
la bañadera
stiklinė
el vaso
skalbimo mašina
el lavarropas
čiaupas
la canilla
plytelės
las baldosas
naktinis puodukas
la pelela
kriauklė
la pileta

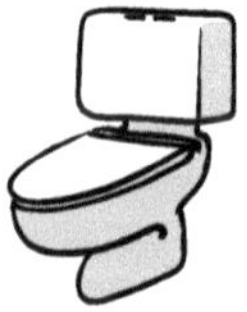

unitazas

el inodoro

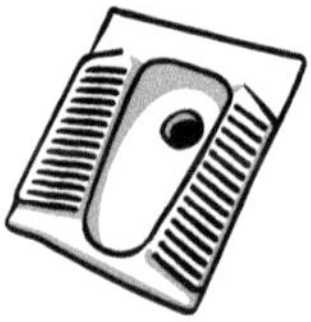

tupimasis unitazas

la letrina

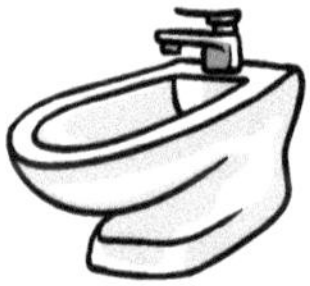

bidė

el bidé

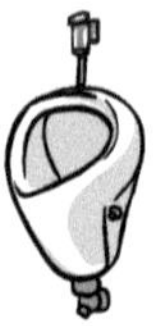

pisuaras

el mingitorio

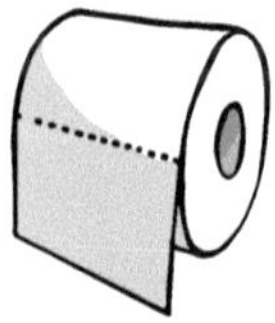

tualetinis popierius

el papel higiénico

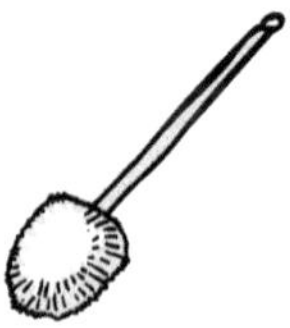

unitazo šepetys

el cepillo para el inodoro

dantų šepetėlis

el cepillo de dientes

dantų pasta

el dentífrico

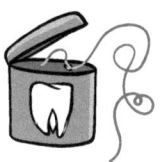

dantų siūlas

el hilo dental

plauti

lavar

dušo galvutė

la ducha de mano

higieninis dušas

la ducha higiénica

praustuvas

la palangana

nugaros plaušinė

el cepillo para la espalda

muilas

el jabón

dušo želė

el gel de ducha

šampūnas

el shampoo

plaušinė

la toallita

kanalizacija

el desagüe

kremas

la crema

dezodorantas

el desodorante

veidrodis

el espejo

veidrodėlis

el espejito

skustuvas

la maquinita de afeitar

skutimosi putos

la espuma de afeitar

losjonas po skutimosi

el aftershave

šukos

el peine

šepetys

el cepillo

plaukų džiovintuvas

el secador de pelo

plaukų lakas

el spray

makiažas

el maquillaje

lūpdažis

el lápiz de labios

nagų lakas

el esmalte para uñas

vata

el algodón

žirklutės nagams

la tijera para uñas

kvepalai

el perfume

maišelis skalbiniams

el portacosméticos

taburetė

la banqueta

svarstyklės

la balanza

chalatas

la bata

guminės pirštinės

los guantes de goma

tamponas

el tampón

higieninis įklotas

la toallita femenina

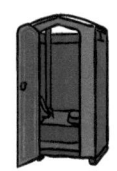

biotualetas

el baño químico

vaiko kambarys
el cuarto de los chicos

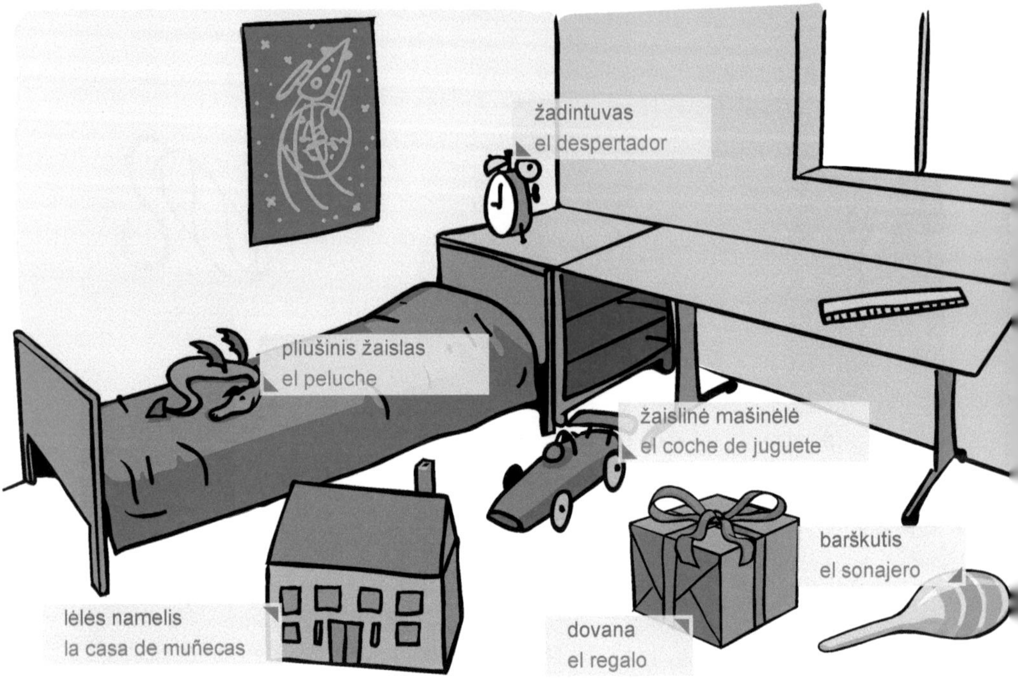
žadintuvas
el despertador
pliušinis žaislas
el peluche
žaislinė mašinėlė
el coche de juguete
barškutis
el sonajero
lėlės namelis
la casa de muñecas
dovana
el regalo

balionas

el globo

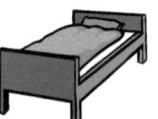

lova

la cama

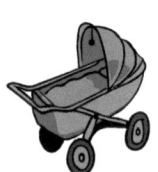

vaikiškas vežimėlis

el cochecito

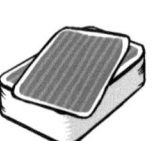

kortų malka

las cartas

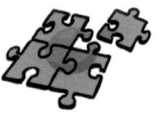

delionė

el rompecabezas

SUPER
MEGA

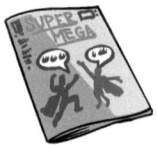

komiksai

la historieta

lego kaladėlės

las piezas de lego

žaislinės kaladėlės

los ladrillos de juguete

figūrėlė

la figura de acción

šliaužtinukai

el enterito (de bebé)

mėtymo lėkštė

el frisbee

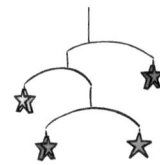

karuselė

el móvil para bebés

stalo žaidimas

el juego de mesa

kauliukai

los dados

žaislinis traukinys

el tren eléctrico

žindukas

el chupete

vakarėlis

la fiesta

paveiksliukų knygelė

el libro de cuentos ilustrado

kamuolys

la pelota

lėlė

la muñeca

žaisti

jugar

smėlio dėžė

el arenero

sūpynės

la hamaca

žaislai

los juguetes

žaidimų konsolė

la consola de videojuegos

triratukas

el triciclo

meškiukas

el osito de peluche

drabužių spinta

el armario

drabužis

la ropa

kojinės

las medias

kojinės virš kelių

las medias panty

pėdkelnės

las calzas

šalikas
la bufanda

skėtis
el paraguas

marškinėliai
la remera

diržas
el cinturón

ilgaauliai batai
las botas

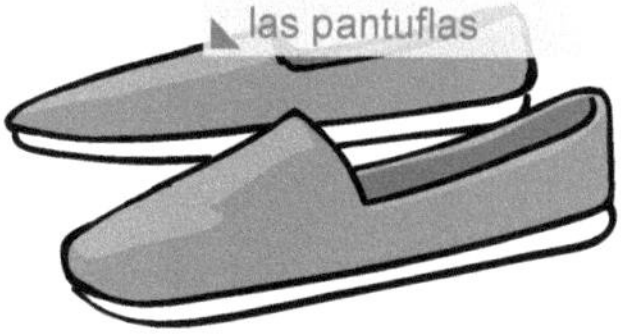

šlepetės
las pantuflas

sportbačiai
las zapatillas

sandalai
las sandalias

batai
los zapatos

guminiai batai
las botas de goma

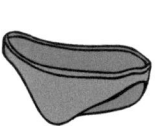

trumpikės
la ropa interior

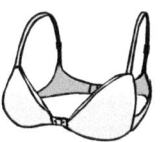

liemenėlė
el corpiño

liemenė
el chaleco

glaustinukė

el body

kelnės

los pantalones

džinsai

los jeans

sijonas

la pollera

palaidinė

la blusa

marškiniai

la camisa

megztinis

el pulóver

megztinis su gobtuvu

el buzo

švarkelis

el blazer

švarkas

la campera

paltas

el tapado

lietpaltis

el piloto

kostiumas

el traje

suknelė

el vestido

vestuvinė suknelė

el vestido de novia

kostiumas
el traje

naktiniai marškiniai
el camisón

pižama
el pijama

saris
el sari

skarelė
el pañuelo para la cabeza

tiurbanas
el turbante

burka
la burka

kaftanas
el caftán

abaja
la abaya

maudymosi kostiumėlis
el traje de baño

glaudės
el short de baño

šortai
los shorts

sportinis kostiumas
el jogging

prijuostė
el delantal

pirštinės
los guantes

saga

el botón

akiniai

los anteojos

apyrankė

la pulsera

vėrinys

el collar

žiedas

el anillo

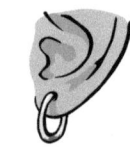

auskaras

el aro

kepurė

la gorra

pakabas

la percha

skrybėlė

el sombrero

kaklaraištis

la corbata

užtrauktukas

el cierre

šalmas

el casco

breketai

los tiradores

mokyklinė uniforma

el uniforme escolar

uniforma

el uniforme

seilinukas
el babero

žindukas
el chupete

vystyklai
el pañal

biuras
la oficina

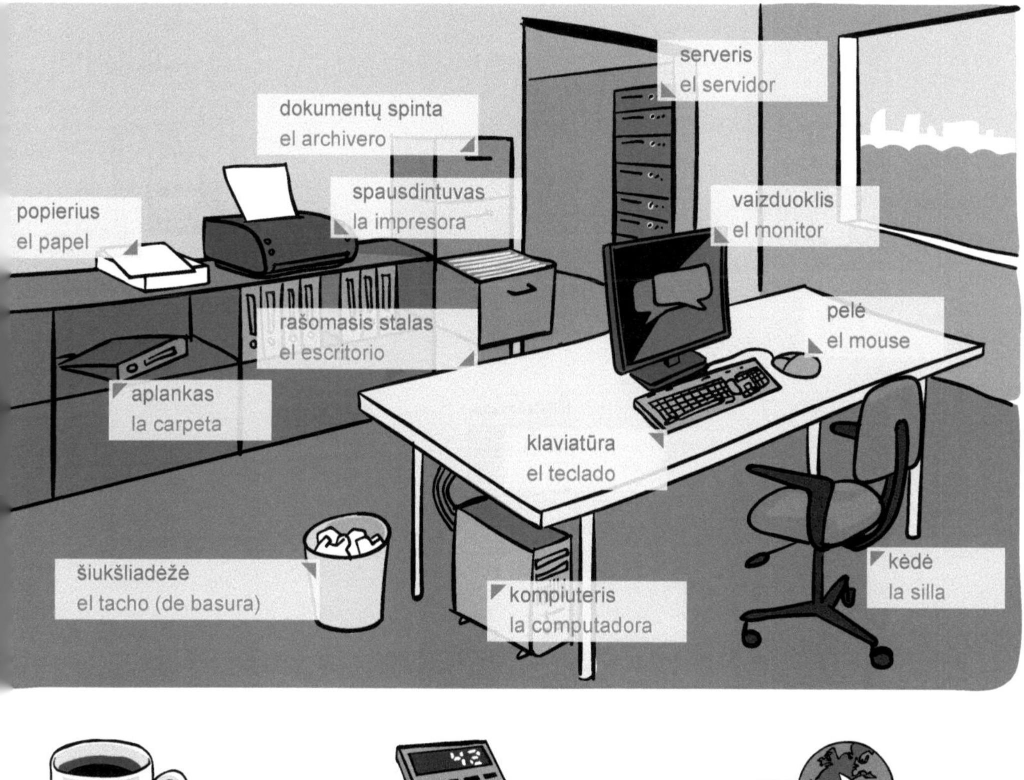

serveris
el servidor

dokumentų spinta
el archivero

spausdintuvas
la impresora

popierius
el papel

vaizduoklis
el monitor

rašomasis stalas
el escritorio

pelė
el mouse

aplankas
la carpeta

klaviatūra
el teclado

šiukšliadėžė
el tacho (de basura)

kėdė
la silla

kompiuteris
la computadora

kavos puodelis
la taza de café

kalkuliatorius
la calculadora

internetas
el internet

nešiojamasis kompiuteris

la laptop

laiškas

la carta

žinutė

el mensaje

mobilusis telefonas

el celular

tinklas

la red

fotokopijavimo aparatas

la fotocopiadora

programinė įranga

el software

telefonas

el teléfono

kištukinis lizdas

el tomacorriente

faksas

el fax

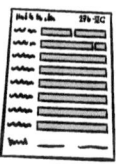

forma

el formulario

dokumentas

el documento

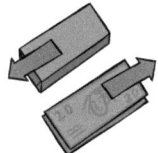

pirkti

comprar

mokėti

pagar

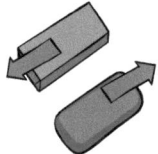

prekiauti

hacer negocios

pinigai

el dinero

doleris

el dólar

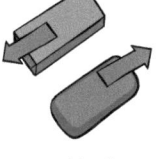

euras

el euro

jena

el yen

rublis

el rublo

Šveicarijos frankas

el franco suizo

juanis

el yuan

rupija

la rupia

bankomatas

el cajero automático

valiutos keitykla

la casa de cambio

auksas

el oro

sidabras

la plata

nafta

el petróleo

energija

la energía

kaina

el precio

sutartis

el contrato

mokestis

el impuesto

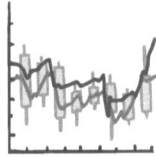

akcijos

la acción

dirbti

trabajar

darbuotojas

el empleado

darbdavys

el empleador

gamykla

la fábrica

parduotuvė

el negocio

ekonomika - la economía

profesijos
las ocupaciones

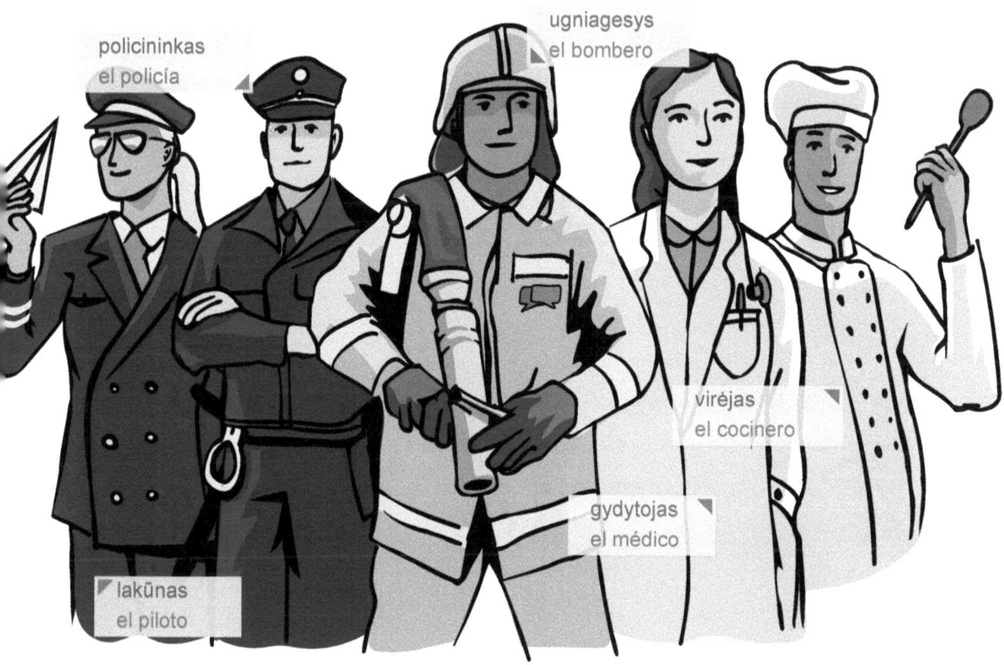

policininkas
el policía
ugniagesys
el bombero
virėjas
el cocinero
gydytojas
el médico
lakūnas
el piloto

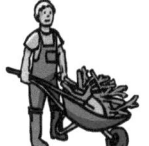

sodininkas

el jardinero

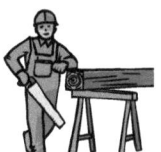

stalius

el carpintero

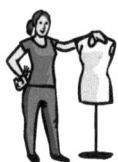

siuvėja

la modista

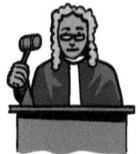

teisėjas

el juez

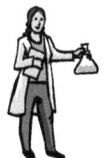

chemikas

el farmacéutico

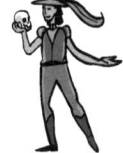

aktorius

el actor

autobuso vairuotojas

el colectivero

taksi vairuotojas

el taxista

žvejys

el pescador

valytoja

la mucama

stogdengys

el techista

padavėjas

el mozo

medžiotojas

el cazador

dailininkas

el pintor

kepėjas

el panadero

elektrikas

el electricista

statybininkas

el albañil

inžinierius

el ingeniero

mėsininkas

el carnicero

santechnikas

el plomero

paštininkas

el cartero

kareivis
el soldado

architektas
el arquitecto

kasininkas
el cajero

gėlininkas
el florista

kirpėjas
el peluquero

konduktorius
el cobrador

mechanikas
el mecánico

kapitonas
el capitán

odontologas
el dentista

mokslininkas
el científico

rabinas
el rabino

imamas
el imán

vienuolis
el monje

kunigas
el sacerdote

įrankiai
las herramientas

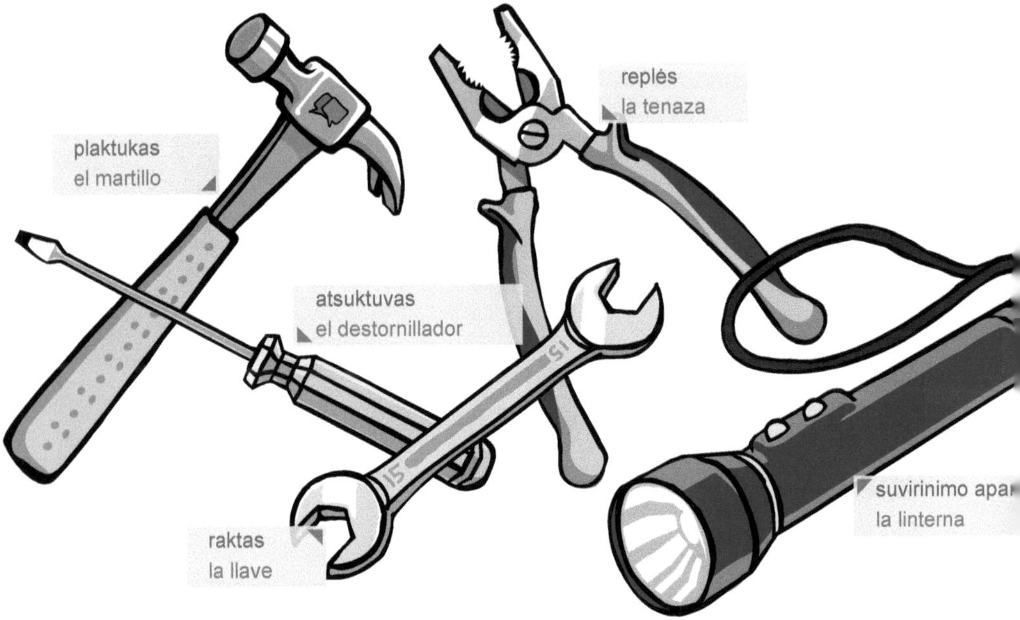
replės
la tenaza
plaktukas
el martillo
atsuktuvas
el destornillador
15
15
raktas
la llave
suvirinimo apa
la linterna

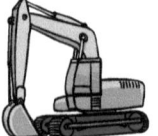

ekskavatorius
la excavadora

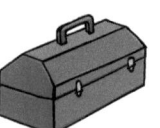

įrankių dėžė
la caja de herramientas

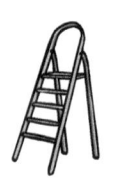

kopėčios
la escalera portátil

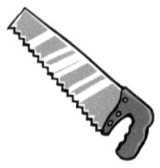

pjūklas
la sierra

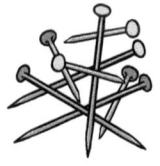

vinys
los clavos

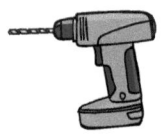

grąžtas
el taladro

taisyti
....
arreglar

kastuvas
....
la pala de jardín

Velniava!
....
¡Qué bronca!

semtuvėlis
....
la pala de plástico

dažų skardinė
....
el tacho de pintura

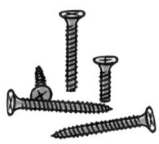

varžtai
....
los tornillos

muzikos instrumentai
los instrumentos musicales

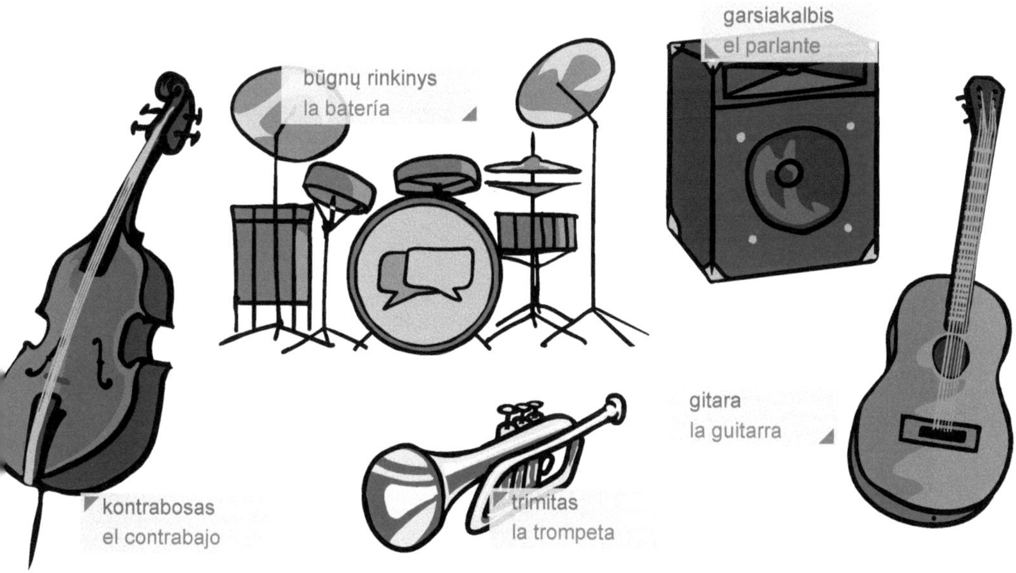

garsiakalbis
el parlante

būgnų rinkinys
la batería

gitara
la guitarra

kontrabosas
el contrabajo

trimitas
la trompeta

pianinas

el piano

smuikas

el violín

bosinė gitara

el bajo

timpanas

los timbales

būgnai

el tambor

sintezatorius

el teclado

saksofonas

el saxofón

fleita

la flauta

mikrofonas

el micrófono

zoologijos sodas

el zoológico

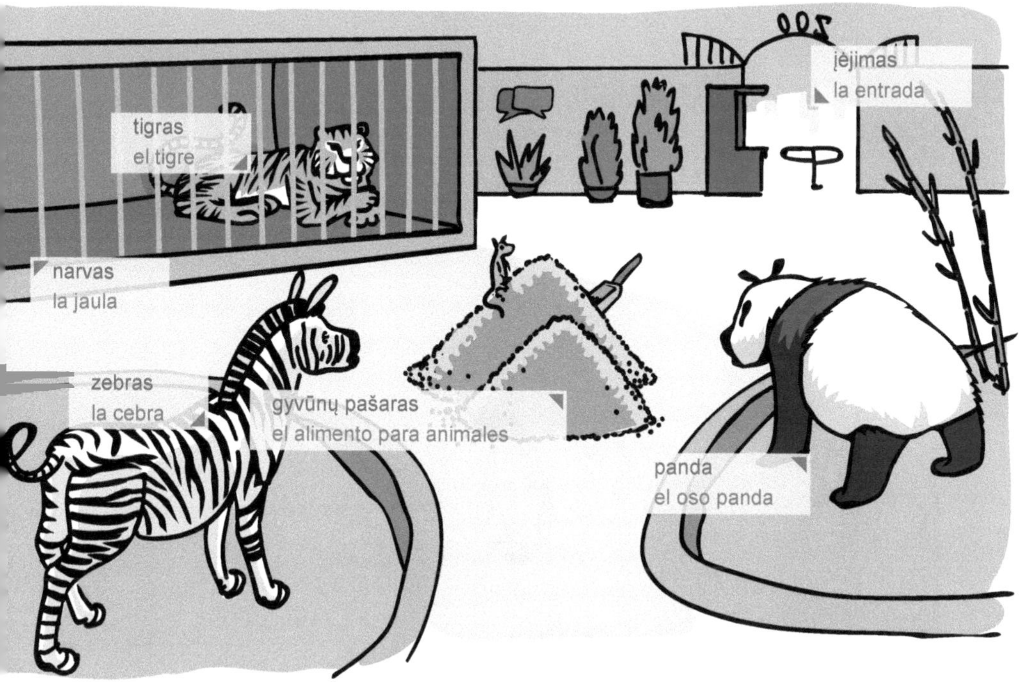

įėjimas
la entrada
tigras
el tigre
narvas
la jaula
zebras
la cebra
gyvūnų pašaras
el alimento para animales
panda
el oso panda

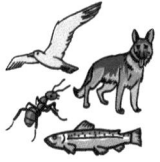

gyvūnai

los animales

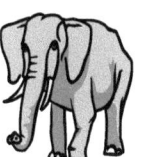

dramblys

el elefante

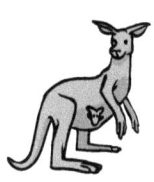

kengūra

el canguro

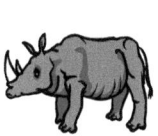

raganosis

el rinoceronte

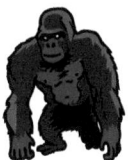

gorila

el gorila

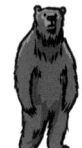

meška

el oso

kupranugaris

el camello

strutis

el avestruz

liūtas

el león

beždžionė

el mono

flamingas

el flamenco

papūga

el loro

baltoji meška

el oso polar

pingvinas

el pingüino

ryklys

el tiburón

povas

el pavo real

gyvatė

la serpiente

krokodilas

el cocodrilo

zoologijos sodo prižiūrėtojas

el cuidador del zoológico

ruonis

la foca

jaguaras

el jaguar

zoologijos sodas - el zoológico

ponis
el poni

leopardas
el leopardo

begemotas
el hipopótamo

žirafa
la jirafa

erelis
el águila

šernas
el jabalí

žuvis
el pescado

vėžlys
la tortuga

vėplys
la morsa

lapė
el zorro

gazelė
la gacela

zoologijos sodas - el zoológico

amerikietiškas futbolas
el fútbol americano

dviračių sportas
el ciclismo

tenisas
el tenis

krepšinis
el básquet

plaukimas
la natación

boksas
el boxeo

ledo ritulys
el hockey sobre hielo

futbolas
el fútbol

badmintonas
el bádminton

atletika
el atletismo

rankinis
el handball

slidinėjimas
el esquí

polas
el polo

užsiėmimai
las actividades

juoktis
reír
šokinėti
saltar
apkabinti
abrazar
vaikščioti
caminar
dainuoti
cantar
svajoti
soñar
melstis
rezar
bučiuoti
besar

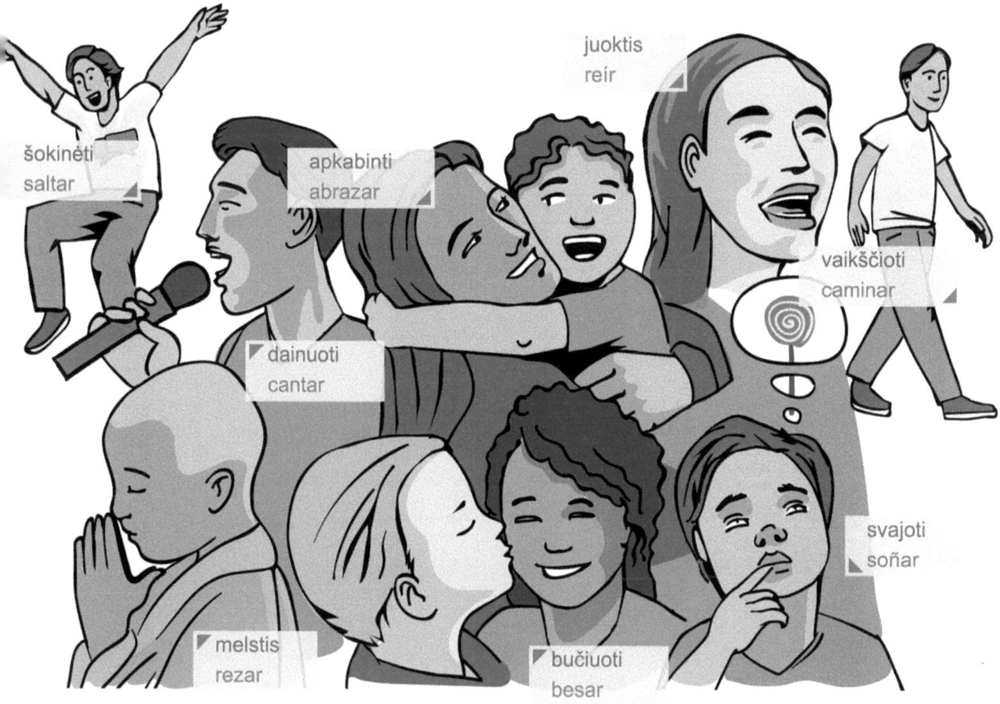

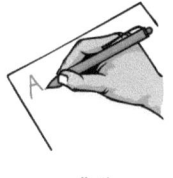

rašyti

escribir

piešti

dibujar

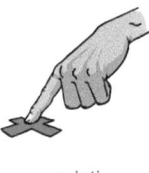

rodyti

mostrar

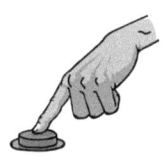

stumti

presionar

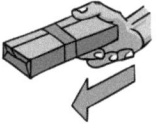

duoti

dar

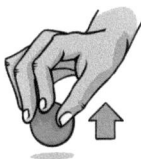

imti

tomar

turėti

tener

daryti

hacer

būti

ser

stovėti

estar parado

bėgti

correr

traukti

tirar

mesti

tirar

kristi

caer

meluoti

estar acostado

laukti

esperar

nešti

llevar

sėdėti

estar sentado

rengtis

vestirse

miegoti

dormir

pabusti

despertar

žiūrėti
mirar

verkti
llorar

glostyti
acariciar

šukuoti
peinar

kalbėti
hablar

suprasti
entender

paklausti
preguntar

klausytis
escuchar

gerti
beber

valgyti
comer

tvarkytis
ordenar

mylėti
amar

gaminti
cocinar

vairuoti
manejar

skristi
volar

buriuoti

navegar

skaičiuoti

calcular

skaityti

leer

mokytis

aprender

dirbti

trabajar

vesti

casarse

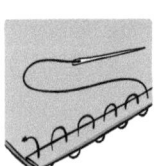

siūti

coser

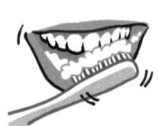

valytis dantis

cepillarse los dientes

žudyti

matar

rūkyti

fumar

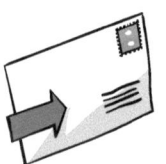

siųsti

enviar

šeima
la familia

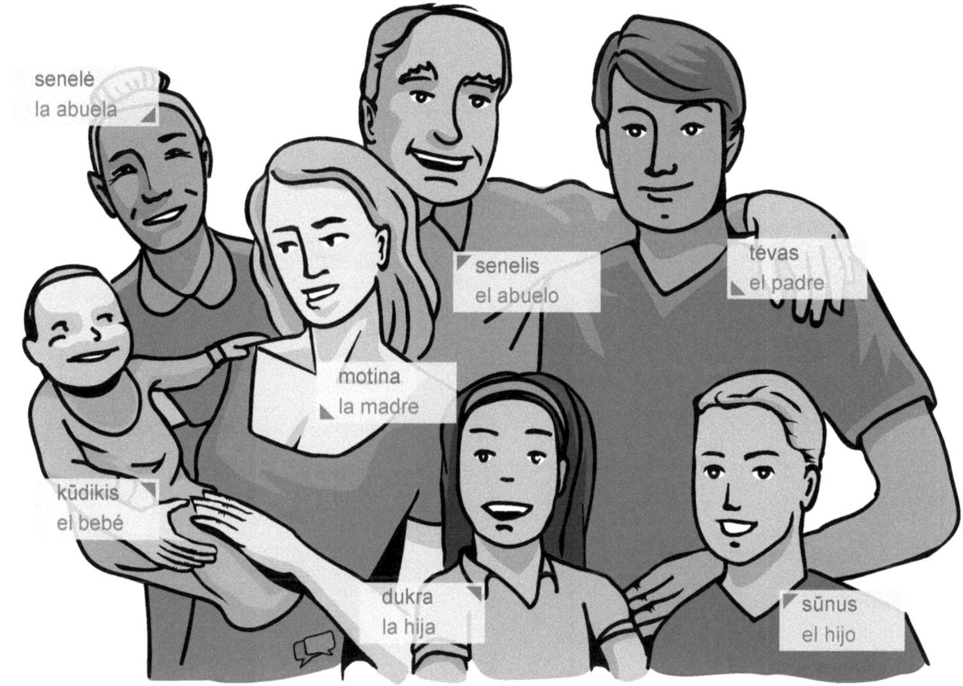
senelė
la abuela
senelis
el abuelo
tėvas
el padre
motina
la madre
kūdikis
el bebé
dukra
la hija
sūnus
el hijo

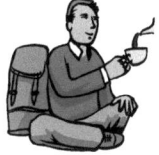

svečias
el invitado

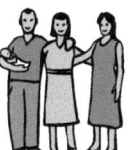

teta
la tía

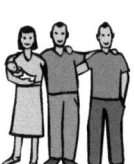

dėdė
el tío

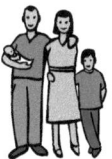

brolis
el hermano

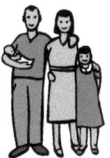

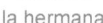

sesuo
la hermana

kūnas

el cuerpo

kakta
la frente
akis
el ojo
petys
el hombro
pirštas
el dedo
veidas
la cara
smakras
la pera
plaštaka
la mano
koja
la pierna
krūtinė
el pecho
ranka
el brazo

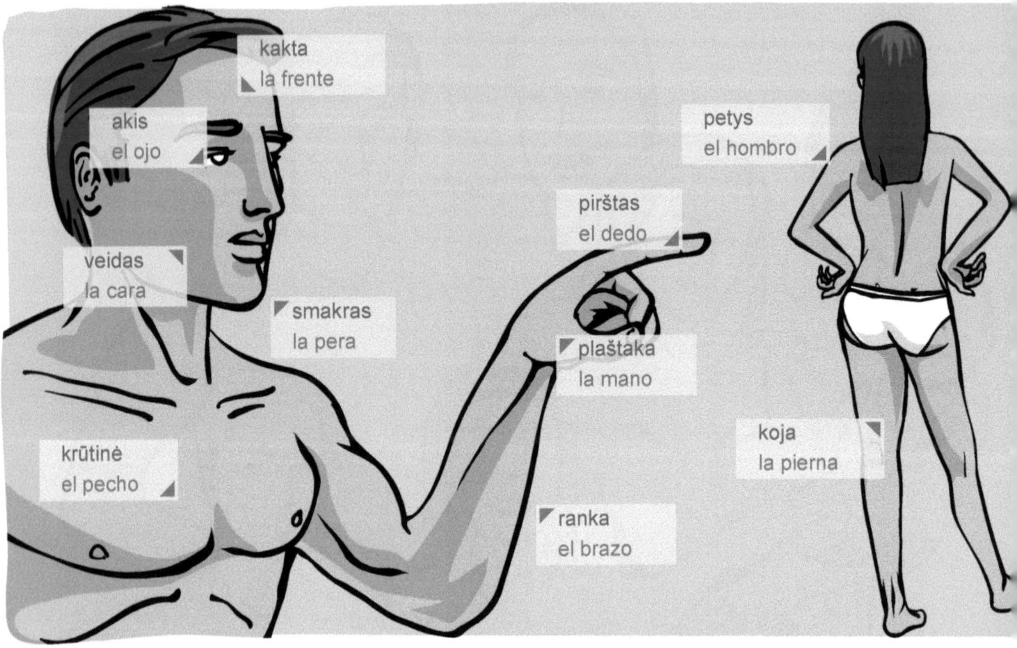

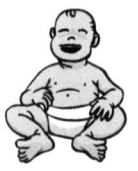

kūdikis

el bebé

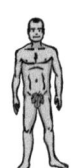

vyras

el hombre

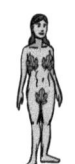

moteris

la mujer

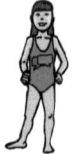

mergaitė

la nena

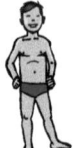

berniukas

el nene

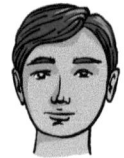

galva

la cabeza

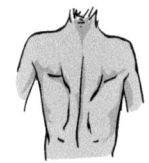

nugara
la espalda

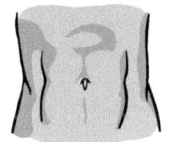

pilvas
la panza

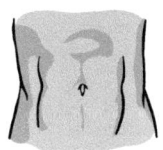

bamba
el ombligo

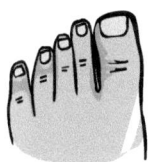

kojos pirštas
el dedo del pie

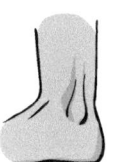

kulnas
el talón

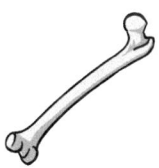

kaulas
el hueso

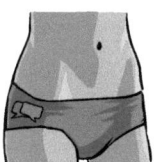

klubas
la cadera

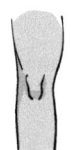

kelis
la rodilla

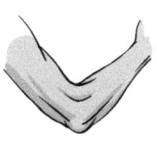

alkūnė
el codo

nosis
la nariz

sėdmenys
la cola

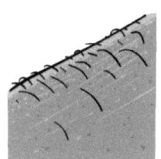

oda
la piel

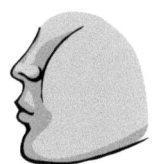

skruostas
el cachete

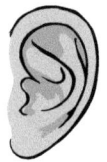

ausis
la oreja

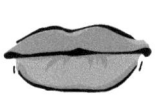

lūpa
el labio

burna

la boca

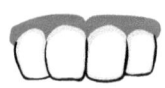

dantis

el diente

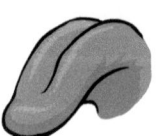

liežuvis

la lengua

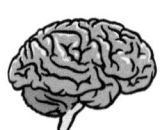

smegenys

el cerebro

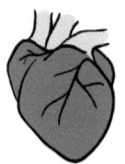

širdis

el corazón

raumuo

el músculo

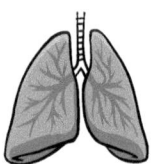

plaučiai

el pulmón

kepenys

el hígado

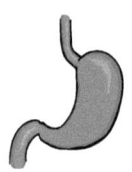

skrandis

el estómago

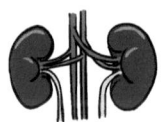

inkstai

los riñones

seksas

el sexo

prezervatyvas

el preservativo

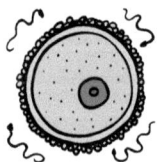

kiaušialąstė

el óvulo

sperma

el semen

nėštumas

el embarazo

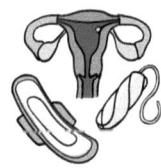

menstruacijos

la menstruación

makštis

la vagina

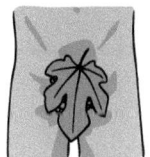

varpa

el pene

antakis

la ceja

plaukai

el pelo

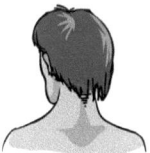

kaklas

el cuello

ligoninė
el hospital

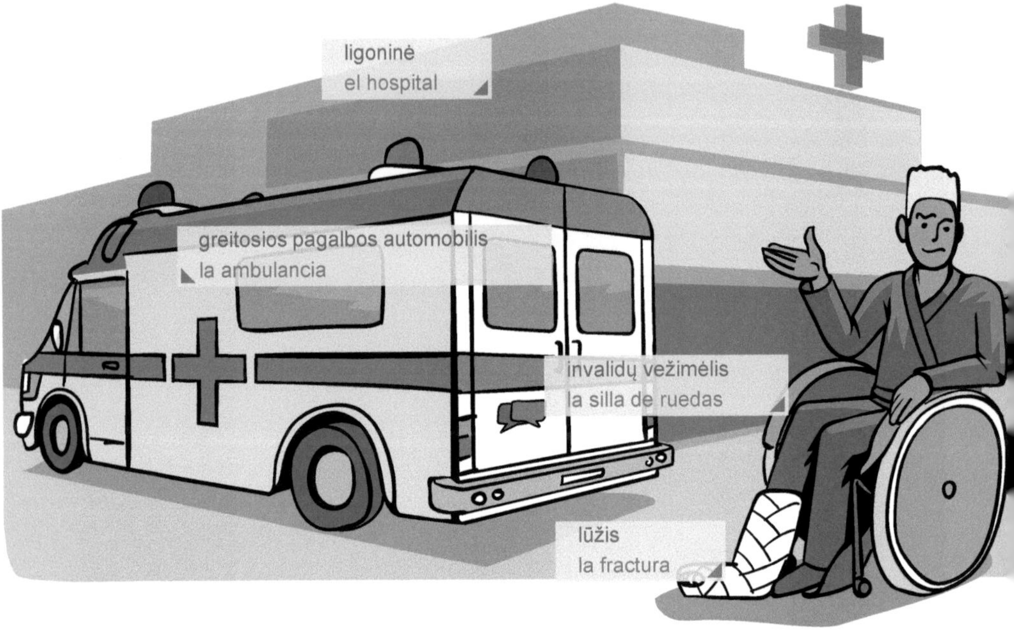

ligoninė
el hospital
greitosios pagalbos automobilis
la ambulancia
invalidų vežimėlis
la silla de ruedas
lūžis
la fractura

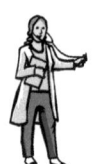

gydytojas

el médico

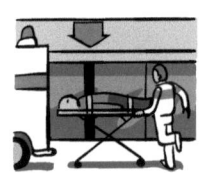

skubios pagalbos skyrius

la sala de guardia

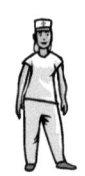

slaugytoja

la enfermera

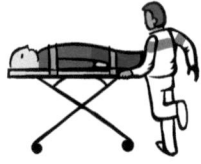

nelaimingas atsitikimas

la emergencia

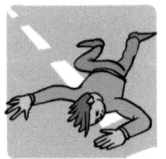

be sąmonės

inconsciente

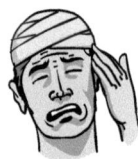

skausmas

el dolor

sužalojimas

la lesión

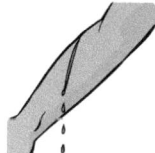

kraujavimas

la hemorragia

širdies smūgis

el infarto

insultas

el ACV

alergija

la alergia

kosulys

la tos

karščiavimas

la fiebre

gripas

la gripe

viduriavimas

la diarrea

galvos skausmas

el dolor de cabeza

vėžys

el cáncer

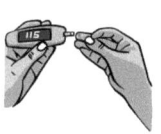

diabetas

la diabetes

chirurgas

el cirujano

skalpelis

el bisturí

operacija

la operación

KT
la TC

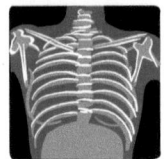

rentgenas
los rayos x

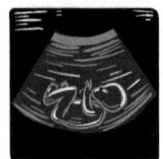

ultragarsas
la ecografía

veido kaukė
el barbijo

liga
la enfermedad

laukiamasis
la sala de espera

ramentas
la muleta

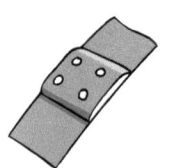

gipsas
la curita

tvarstis
la venda

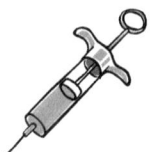

injekcija
la inyección

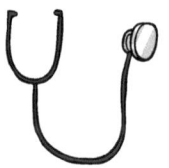

stetoskopas
el estetoscopio

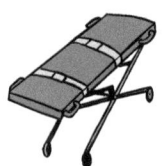

neštuvai
la camilla

termometras
el termómetro

gimimas
el nacimiento

antsvoris
el sobrepeso

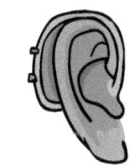

klausos aparatas

el audífono

dezinfekavimo priemonė

el desinfectante

infekcija

la infección

virusas

el virus

ŽIV / AIDS

el VIH / SIDA

vaistas

el remedio

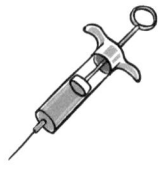

skiepijimas

la vacunación

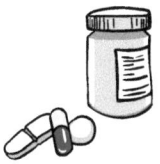

tabletės

los comprimidos

piliulė

la pastilla anticonceptiva

kubios pagalbos numeris

a llamada de emergencia

kraujospūdžio matuoklis

el tensiómetro

ligotas / sveikas

enfermo / sano

Padėkite!

¡Ayuda!

pavojaus signalas

la alarma

užpuolimas

la agresión

ataka

el ataque

pavojus

el peligro

avarinis išėjimas

la salida de emergencia

Gaisras!

¡Fuego!

gesintuvas

el matafuego

nelaimingas atsitikimas

el accidente

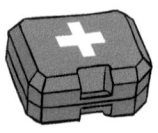

pirmosios pagalbos rinkinys

el botiquín de primeros auxilios

SOS

el SOS

policija

la policía

Europa

Europa

Šiaurės Amerika

América del Norte

Pietų Amerika

América del Sur

Afrika

África

Azija

Asia

Australija

Australia

Atlanto vandenynas

el Atlántico

Ramusis vandenynas

el Pacífico

Indijos vandenynas

el Océano Índico

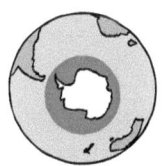

Pietų vandenynas

el Océano Antártico

Arkties vandenynas

el Océano Ártico

Šiaurės ašigalis

el polo norte

Pietų ašigalis

el polo sur

Antarktida

la Antártida

Žemė

la Tierra

sausuma

la tierra

jūra

el mar

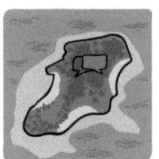

sala

la isla

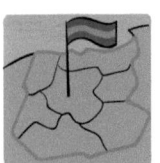

tauta

la nación

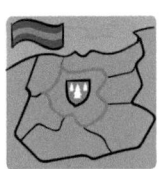

valstybė

el estado

ciferblatas

la esfera

valandinė rodyklė

la manecilla de las horas

minutinė rodyklė

el minutero

sekundinė rodyklė

el segundero

Kiek valandų?

¿Qué hora es?

diena

el día

laikas

la hora

dabar

ahora

skaitmeninis laikrodis

el reloj digital

minutė

el minuto

valanda

la hora

savaitė

la semana

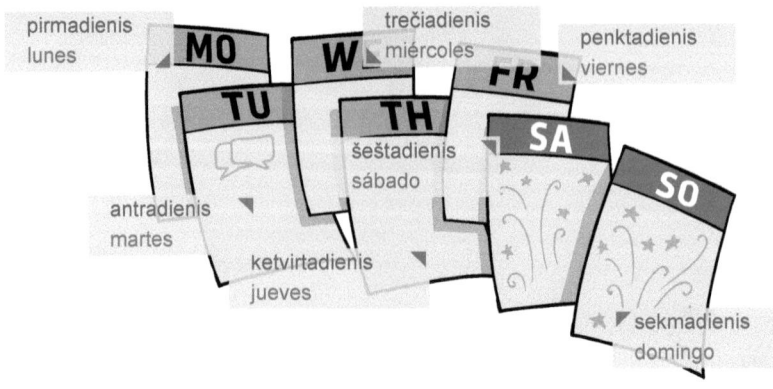

pirmadienis
lunes

trečiadienis
miércoles

penktadienis
viernes

antradienis
martes

ketvirtadienis
jueves

šeštadienis
sábado

sekmadienis
domingo

vakar

ayer

šiandien

hoy

rytoj

mañana

rytas

la mañana

vidurdienis

el mediodía

vakaras

la tarde

MO	TU	WE	TH	FR	SA	SU
1	2	3	4	5	6	7
8	9	10	11	12	13	14
15	16	17	18	19	20	21
22	23	24	25	26	27	28
29	30	31	1	2	3	4

darbo dienos

los días hábiles

MO	TU	WE	TH	FR	SA	SU
1	2	3	4	5	6	7
8	9	10	11	12	13	14
15	16	17	18	19	20	21
22	23	24	25	26	27	28
29	30	31	1	2	3	4

savaitgalis

el fin de semana

metai
el año

lietus
la lluvia
vaivorykštė
el arco iris
sniegas
la nieve
vėjas
el viento
pavasaris
la primavera
ruduo
el otoño
vasara
el verano
žiema
el invierno

4.APRIL 11°
5.APRIL 4°
6.APRIL 13°
7.APRIL 8°
8.APRIL 10°

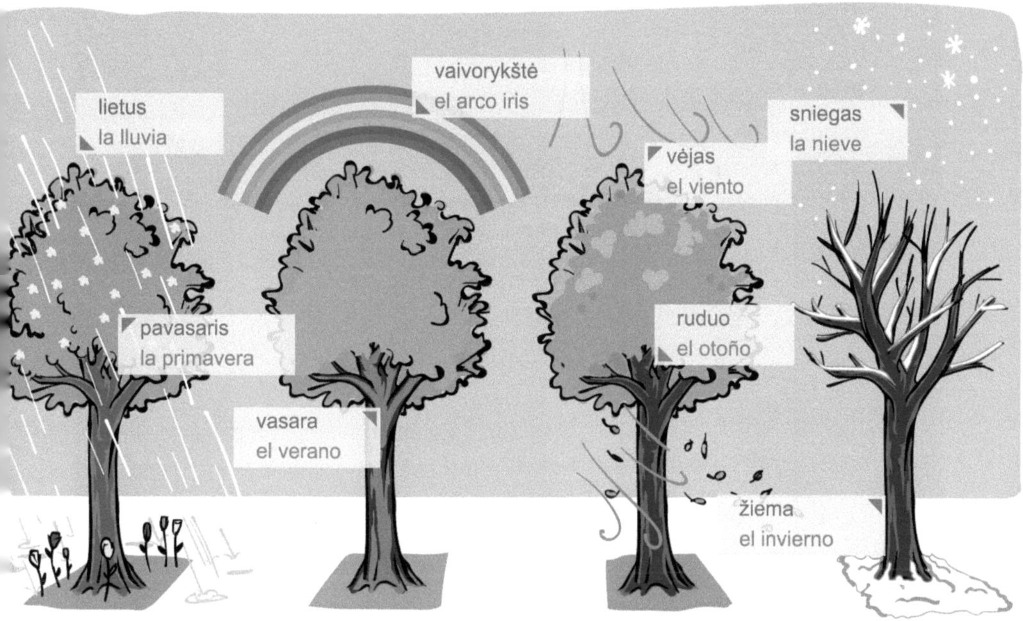

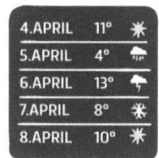

orų prognozė

pronóstico meteorológico

F C
120 40
90 30
60 20
30 10
0 0
-30 -10
-20

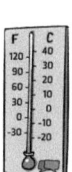

lauko termometras

el termómetro

saulės šviesa

la luz del sol

debesis

la nube

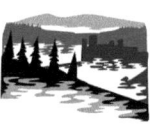

rūkas

la niebla

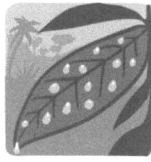

drėgmė

la humedad

žaibas

el rayo

griaustinis

el trueno

audra

la tormenta

kruša

el granizo

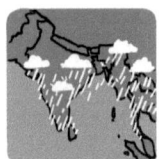

musonas

el monzón

potvynis

la inundación

ledas

el hielo

sausis

enero

vasaris

febrero

kovas

marzo

balandis

abril

gegužė

mayo

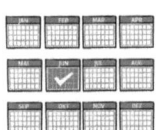

birželis

junio

liepa

julio

rugpjūtis

agosto

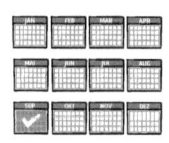

rugsėjis
....
septiembre

spalis
....
octubre

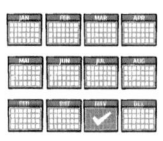

lapkritis
....
noviembre

gruodis
....
diciembre

apskritimas
....
el círculo

kvadratas
....
el cuadrado

stačiakampis
....
el rectángulo

trikampis
....
el triángulo

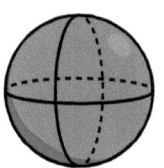

sfera
....
la esfera

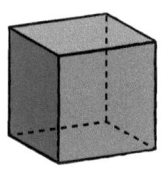

kubas
....
el cubo

balta

blanco

geltona

amarillo

oranžinė

naranja

rožinė

rosa

raudona

rojo

violetinė

violeta

mėlyna

azul

žalia

verde

ruda

marrón

pilka

gris

juoda

negro

daug / mažai

mucho / poco

piktas / ramus

enojado / tranquilo

gražus / bjaurus

lindo / feo

pradžia / pabaiga

el principio / el fin

didelis / mažas

grande / chico

šviesus / tamsus

claro / oscuro

brolis / sesuo

el hermano / la hermana

švarus / purvinas

limpio / sucio

užbaigtas / neužbaigtas

completo / incompleto

diena / naktis

el día / la noche

miręs / gyvas

muerto / vivo

platus / siauras

ancho / angosto

valgomas / nevalgomas

comestible / no comestible

piktas / malonus

malo / amable

linksmas / nuobodus

entusiasmado / aburrido

storas / plonas

gordo / flaco

pirmiausia / paskiausia

primero / último

draugas / priešas

el amigo / el enemigo

pilnas / tuščias

lleno / vacío

kietas / minkštas

duro / blando

sunkus / lengvas

pesado / liviano

alkis / troškulys

el hambre / la sed

ligotas / sveikas

enfermo / sano

nelegalus / legalus

ilegal / legal

protingas / kvailas

inteligente / estúpido

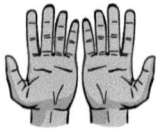

kairė / dešinė

izquierda / derecha

arti / toli

cerca / lejos

naujas / naudotas
nuevo / usado

niekas / kažkas
nada / algo

senas / jaunas
viejo / joven

įjungta / išjungta
encendido / apagado

atidaryta / uždaryta
abierto / cerrado

tylus / garsus
silencioso / ruidoso

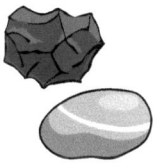

turtingas / vargšas
rico / pobre

teisus / neteisus
correcto / incorrecto

šiurkštus / švelnus
áspero / suave

liūdnas / laimingas
triste / contento

trumpas / ilgas
corto / largo

lėtas / greitas
lento / rápido

drėgnas / sausas
mojado / seco

šiltas / šaltas
caliente / frío

karas / taika
guerra / paz

0

nulis

cero

1

vienas

uno

2

du

dos

3

trys

tres

4

keturi

cuatro

5

penki

cinco

6

šeši

seis

7

septyni

siete

8

aštuoni

ocho

9

devyni

nueve

10

dešimt

diez

11

vienuolika

once

12
dvylika
doce

13
trylika
trece

14
keturiolika
catorce

15
penkiolika
quince

16
šešiolika
dieciséis

17
septyniolika
diecisiete

18
aštuoniolika
dieciocho

19
devyniolika
diecinueve

20
dvidešimt
veinte

100
šimtas
cien

1.000
tūkstantis
mil

1.000.000
milijonas
el millón

anglų

el inglés

amerikiečių anglų

el inglés americano

kinų (mandarinų)

el chino mandarín

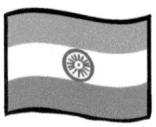

hindi

el hindi

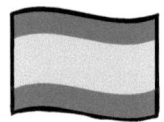

ispanų

el español

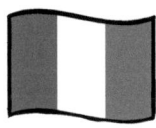

prancūzų

el francés

arabų

el árabe

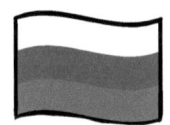

rusų

el ruso

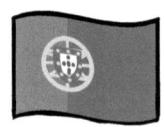

portugalų

el portugués

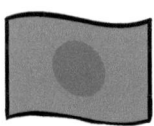

bengalų

el bengalí

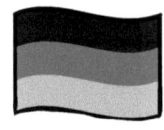

vokiečių

el alemán

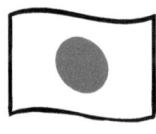

japonų

el japonés

aš

yo

tu

vos

jis / ji

él / ella

mes

nosotros

jūs

ustedes

jie

ellos

kas?

¿quién?

ką?

¿qué?

kaip?

¿cómo?

kur?

¿dónde?

kada?

¿cuándo?

vardas

el nombre

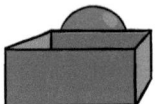

už
....
detrás

kur (vieta)
....
en

priešais
....
adelante de

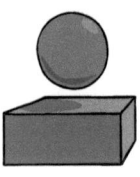

virš
....
por encima de

ant
....
sobre

po
....
debajo de

prie
....
al lado de

tarp
....
entre

vieta
....
el lugar